中华姓氏的故事

高洪雷 著

中国少年儿童新闻出版总社
中国少年儿童出版社
北京

高洪雷，1964 年出生，中国作家协会会员，中国人类学民族学研究会会员，中国民族史学会会员，中国自然资源作家协会副主席。

图书在版编目（CIP）数据

中华姓氏的故事 / 高洪雷著 . -- 北京 : 中国少年儿童出版社 , 2024.1
（百角文库）
ISBN 978-7-5148-8422-7

Ⅰ . ①中… Ⅱ . ①高… Ⅲ . ①姓氏 – 中国 – 青少年读物 Ⅳ . ① K810.2-49

中国国家版本馆 CIP 数据核字（2023）第 254092 号

ZHONGHUA XINGSHI DE GUSHI
（百角文库）

出 版 发 行：中国少年儿童新闻出版总社
　　　　　　中国少年儿童出版社

执行出版人：马兴民

丛书策划：马兴民 缪 惟	美术编辑：徐经纬
丛书统筹：何强伟 李 橦	装帧设计：徐经纬
责任编辑：安今金	标识设计：曹 凝
责任校对：杨 雪	封 面 图：谢雨函
责任印务：厉 静	
社　　址：北京市朝阳区建国门外大街丙 12 号	邮政编码：100022
编 辑 部：010-57526691	总 编 室：010-57526070
发 行 部：010-57526568	官方网址：www.ccppg.cn
印刷：河北宝昌佳彩印刷有限公司	
开本：787mm × 1130mm　1/32	印张：3.5
版次：2024 年 1 月第 1 版	印次：2024 年 1 月第 1 次印刷
字数：41 千字	印数：1–5000 册
ISBN 978-7-5148-8422-7	定价：12.00 元
图书出版质量投诉电话：010-57526069	电子邮箱：cbzlts@ccppg.com.cn

序

提供高品质的读物，服务中国少年儿童健康成长，始终是中国少年儿童出版社牢牢坚守的初心使命。当前，少年儿童的阅读环境和条件发生了重大变化。新中国成立以来，很长一个时期所存在的少年儿童"没书看""有钱买不到书"的矛盾已经彻底解决，作为出版的重要细分领域，少儿出版的种类、数量、质量得到了极大提升，每年以万计数的出版物令人目不暇接。中少人一直在思考，如何帮助少年儿童解决有限课外阅读时间里的选择烦恼？能否打造出一套对少年儿童健康成长具有基础性价值的书系？基于此，"百角文库"应运而生。

多角度，是"百角文库"的基本定位。习近平总书记在北京育英学校考察时指出,教育的根本任务是立德树人，培养德智体美劳全面发展的社会主义建设者和接班人，并强调，学生的理想信念、道德品质、知识智力、身体和心理素质等各方面的培养缺一不可。这套丛书从100种起步，涵盖文学、科普、历史、人文等内容，涉及少年儿童健康成长的全部关键领域。面向未来，这个书系还是开放的，将根据读者需求不断丰富完善内容结构。在文本的选择上，我们充分挖掘社内"沉睡的""高品质的""经过读者检验的"出版资源，保证权威性、准确性，力争高水平的出版呈现。

通识读本，是"百角文库"的主打方向。相对前沿领域，一些应知应会知识，以及建立在这个基础上的基本素养，在少年儿童成长的过程中仍然具有不可或缺的价值。这套丛书根据少年儿童的阅读习惯、认知特点、接受方式等，通俗化地讲述相关知识，不以培养"小专家""小行家"为出版追求，而是把激发少年儿童的兴趣、养成正确的思考方法作为重要目标。《畅游数学花园》《有趣的动物语言》《好大的地球》《看得懂的宇宙》……从这些图书的名字中，我们可以直接感受到这套丛书的表达主旨。我想，无论是做人、做事、做学问，这套书都会为少年儿童的成长打下坚实的底色。

中少人还有一个梦——让中国大地上每个少年儿童都能读得上、读得起优质的图书。所以，在当前激烈的市场环境下，我们依然坚持低价位。

衷心祝愿"百角文库"得到少年儿童的喜爱，成为案头必备书，也热切期盼将来会有越来越多的人说"我是读着'百角文库'长大的"。

是为序。

马兴民

2023 年 12 月

目 录

1　伏羲和女娲的后代

6　炎帝的后代

15　黄帝的后代

43　少昊的后代

57　祝融的后代

75　僛的后代

90　舜的后代

98　鲧和禹的后代

105　皋陶的后代

伏羲和女娲的后代

伏羲和女娲

伏羲和女娲,是一对亲兄妹,生活在母系氏族社会。他们刚刚长大,就遭遇了一场世纪大洪水,连续的海啸和暴雨,填满了河流,淹没了土地,冲毁了村庄,人类几乎灭绝。没办法,兄妹二人只得结婚,承担起繁衍后代的责任。后来伏羲被推举为部落联盟大首领,伏羲死后,女娲接任大首领。

伏羲被称为人文始祖,他最了不起的贡献,

是"正姓氏,制嫁娶",即要求各部落以图腾、所养动物、居所等为姓,然后规定同姓男女不准结婚,使人口素质得到提升,中华先民从此逐渐

"正姓氏,制嫁娶"的伏羲和女娲

摆脱蒙昧，迈向文明。伏羲以部落图腾"风"为姓，女娲也用了风姓。后来，他们的部落被炎黄部落兼并，姓氏[①]流传下来的较少。

风姓及其分支

风姓

伏羲生活在母系氏族社会晚期，那时女人负责采摘野果，男人负责捕猎动物，仍流行部落群婚制，由老妈妈当家做主，因此他们以表示"群婚"的"风"为图腾，以风为姓。

汪氏

伏羲有个后人叫防风氏，他和他的族人个个身材高大，被称为"巨人族"。因为生活在山东，所以防风氏带着他的族人投靠了九黎部

---

①在古代，姓和氏是两个不同的概念。姓产生在前，代表血缘；氏产生在后，是姓的分支。

落首领蚩（chī）尤，并赶上了那场黄帝与蚩尤的大决战。蚩尤战败后，多数部落被黄帝兼并，少数部落则誓死不降，向人烟稀少的南方逃亡。防风氏也加入了南迁的队伍，在浙江一带停下脚步，建立了防风国。

《国语》（春秋时期左丘明所撰的一部国别体著作）中记载了一个有关防风氏的故事。公元前494年，吴国灭了越国后，在越国的会稽（今浙江省绍兴市东南）城挖到一大截骨头。大家不知道这巨大的骨头来自哪里，于是就前往鲁国去请教孔子。孔子查看了骨头后说，我听说当年大禹在会稽召开诸侯大会，防风国的首领因为迟到被大禹所杀，他的一截骨头就能装一马车，跟这截骨头的大小差不多。防风氏一族又称汪罔（wǎng）氏，到了商朝简称汪氏，这就是风姓汪氏。

妊（任）姓及其分支

妊（任）姓

"妊"，最初的意思是"怀孕的母亲"。伏羲的一个分支，把"妊"作为图腾，以妊为姓，希望儿孙满堂。这个古姓，被列入了"上古八大姓"。

伏羲、女娲部落被黄帝兼并后，黄帝让儿子禺阳继承了妊姓。到了父系氏族社会，禺阳后人把"女"字偏旁换成"亻"，把姓改成了"任"。

薛氏

禺阳的一个后代叫奚仲，因发明了车，被大禹任命为车正（管理和制作车辆诸事的官），封在薛（今山东省滕州市东南），爵位是侯，他的后代以封地薛为氏，于是产生了任姓薛氏。

炎帝的后代

神农炎帝

炎帝,是姜姓的祖先,早期生活在黄河中游,后来搬到黄河下游的山东省。炎帝教会了农民种庄稼,所以人们又称他为"神农"。女娲部落衰落后,他被推选为部落联盟大首领。在执政后期,炎帝部落被黄帝部落打败,继而与黄帝部落结盟融合,形成了炎黄部落大联盟,所以今天的华夏儿女习惯称自己是炎黄子孙。尽管炎帝失去了领袖地位,但姜姓分支仍有近千个。

炎帝的后代

教会人们种庄稼的神农炎帝

姜姓及其分支

姜姓

传说远古时代，在陕西省岐山县，有一条姜河。炎帝是喝着这条河里的水长大的，因此以姜为姓。

龚氏

炎帝有一个玄孙,居住在共地(今河南省辉县市),名叫共工,是神话传说中的"水神",以治理洪水闻名天下。为了争当部落联盟大首领,他和黄帝的后代颛顼(zhuān xū)进行了一场大战。共工失败后失去理智,用头撞向不周山而死。后代为了纪念他,以他的居住地"共"为氏。后来,一支共氏为了避难,给"共"加"龙"字部首称龚氏,号称"姜姓龚氏"。

许氏

古代有一套政治礼制叫"二王三恪"。按照这套制度,每一个新王朝建立后,都会给前朝王室的后代封爵位、赠封邑,表示对前朝的尊敬,并借此显示本朝的正统地位。封前两朝的后代叫"二王",封前三朝的后代叫"三恪"。

伯夷是炎帝的后代,他的后裔姜文叔勉强属

于"三恪",被周朝封在许(今河南省许昌市东部),爵位为男,是周朝诸侯国中唯一的男爵。后来许国南迁,依附楚国,最终被楚国吞并,许国后人为纪念故国,以国名为氏,这就是姜姓许氏。

文氏

姜文叔建许国,他的后代有的以他的封国"许"为氏,有的取他的字"文"为氏,于是产生了姜姓文氏,这是河南省文氏的源头。

在古代,"姓"和"氏"是两个完全不同的概念。姓代表血缘,是一个部落的族名。氏在姓之后产生,是姓的分支,为了区分同一家族中的不同支系的子孙。氏的命名方法有很多,有的以封地为氏,有的以官爵为氏,有的以先祖的称号为氏……由于氏的来源十分广泛,出现了许多氏同姓不同的情况。

孟尝君田文姓妫，他的一个支孙，以他的字"文"为氏，于是有了妫姓文氏，这是山东省文氏的源头。

周西伯姬昌，被后代追谥为"周文王"。他的一支后代以他的谥号为氏，于是有了姬姓文氏，这是陕西省文氏的源头。

雷氏和方氏

炎帝并不特指一个人，而是指历任炎帝部落的首领。第八代炎帝叫榆罔，他在战争中败给了黄帝，失去了部落联盟首领的地位。但黄帝并没有对炎帝部落赶尽杀绝，而是选择与榆罔的长子雷联姻，组成了炎黄部落联盟。后来雷帮助黄帝战胜了蚩尤，被黄帝封在方山（今河南省禹州市），从此称方雷氏，他的后裔子孙分为两支，一支以先祖名为氏，这就是姜姓雷氏；一支以国名为氏，这就是姜姓方氏。

丁氏

周朝建立后，为了让诸侯国服从调遣，要求每个诸侯国派一个大人物留在西周都城镐（hào）京（今陕西省西安市西南），表面上是辅佐周王，实际上是充当人质。

周武王死后，周公和召公前往镐京辅佐年幼的周成王，让各自的大儿子留在封地。而姜子牙则相反，他自己留在封地齐国，派大儿子吕伋到镐京辅助周成王。吕伋在镐京住了好多年，辅佐完周成王，又辅佐周康王，直到姜子牙病逝前，他才回到封地，成为第二任齐侯。吕伋病逝后，周朝给他定谥号为"丁"，史称齐丁公，他的支孙以谥号为氏，就有了姜姓丁氏。

崔氏

吕伋继任齐侯的同时，派嫡四子吕季到镐京辅佐周康王。他担心吕季资格不够，又把庶长子吕衡派往镐京。吕伋去世时，吕季的三个哥哥早就病死了，吕季理应接任齐侯，但他却将齐侯让给了同母弟弟吕得，并要求自己的子孙离开齐都营丘，搬到封地崔邑（今山东省济南市章丘区黄河镇土城村）生活，自己则留在镐京，继续辅佐周穆王。他的举动感动了天下，也感动了周穆王，周穆王破格任命他为太傅，负责教育太子品德。他的后人以封地为氏，就有了姜姓崔氏。

高氏

齐文公吕赤病逝后，公子吕脱继位，史称齐成公。齐成公的弟弟公子高被封在高邑（今山东省禹城市）。公子高的孙子吕傒（xī），是周天子任命的齐国上卿，他主动迎接齐桓公回国就任，然后与相国管仲合作，帮助齐桓公成为"春秋五霸"之一。为了表彰吕傒，齐桓公准许他以祖父的字为氏，从此诞生了姜姓高氏。

谢氏

周宣王，是西周末年的一位强者，他一改周朝多年的萎靡状况，先是击退了西部的西戎，然后征服了江汉地区的淮夷，继而发兵讨伐了南部的楚国，顺便灭了楚国旁边的谢国（**今河南省唐河县、南阳市一带**），使这个诞生在夏朝的任姓国，永远退出了政治舞台。

周宣王的王后姓姜，是齐侯的女儿。为了报答姜后的家族，也为了填补谢国灭亡留下的权力真空，监督不听话的楚国，周宣王把姜后的舅舅封在谢国土地上，国号为申，爵位为伯，整修后的谢邑便成为申国都城。

被周宣王教训过的楚国，为改变挨打的局面，开始向中原学习。楚文王小时候的老师叫保申，就是从申国请来的。正是由于保申的精心辅佐，楚文王才成为春秋时期最强势的君主之一。公元前688年,楚文王亲自率兵北上,借道邓国(今湖北省襄阳市),一举灭亡了申国。申国遗民以谢邑为氏,即姜姓谢氏,被认为是谢氏正宗。

黄帝的后代

轩辕黄帝

黄帝,传说出生在河南省新郑市,那里曾经叫轩辕之丘,因此黄帝又称轩辕氏。黄帝部落以熊为图腾,所以他又称有熊氏。

黄帝先是在阪泉(今山西省运城市西部与南部)将炎帝部落征服,然后与炎帝部落组成华夏部落联盟,在涿鹿(今山西省解州市境内)打败了以蚩尤为首的九黎部落联盟,开创了漫长而强盛的黄帝时代。

华夏部落联盟缔造者轩辕黄帝

黄帝是姬姓的祖先,由于他在位时间长,分封的方国多,所以姬姓派生出来的氏有数千个。

姬姓及其分支

姬姓

传说今天的陕西省境内,有一条河叫姬河,黄帝小时候生活在这条河边,因此以姬为姓。

周朝开创者姬发是姬姓名人。在周朝建立初期,姬发一方面安抚商朝遗民,一方面分封远古帝王后裔,同时向东方移民。这些举措既让天下人心服口服,又扩大了周朝版图,进一步巩固了周朝的政权。然而,长期的精神紧张,加上过度疲劳,姬发在灭商三年后去世,谥号"武",史称周武王。

张氏

黄帝与次妃女节生了一个儿子,名叫青阳,青阳有个儿子叫挥,担任弓正,负责制造弓箭,被赐为张氏,封在河北省清河,于是有了姬姓张氏。民间有"天下张姓出清河"的说法。

史氏

周朝太史史佚,因为顶住权贵和豪门的压力,忠实地记录历史,被视为史官的表率,与姜太公、周公旦、召公奭(shì)并称"四圣",他的后代以官名为氏,产生了姬姓史氏。

在这之前,黄帝的左史（负责记录统治者行为的官员）仓颉,受到鸟兽脚印的启发,和右史（负责记录统治者言论的官员）沮诵一起创造了文字,被称为"史皇"。仓颉的后代以史为氏,是姬姓史氏的另一个来源。

吴氏

周太王是周武王的曾祖父,他在岐山下的周原建立了诸侯国,定国号为周。周太王的大儿子太伯把王位让给三弟季历,即周武王的祖父,然后辗转迁往东南,被封在吴（今江苏省无锡市东部）,爵位为伯,建立吴国。他的一支后代以国为氏,就有了姬姓吴氏。

阎（闫）氏

周太伯的曾孙仲奕,被周武王封在虞,建立北虞国,爵位为侯,都城设在阎乡（今山西省运城市东部），他的一支后代以都城为氏，产生了姬姓阎氏。

1977年，中国推出第二次简化字方案，方案中规定将"阎"简化为"闫"，此后出生的人在办理户口本和身份证时，很多人把"阎"写成"闫"，"阎""闫"两姓同时存在。

芮氏

周文王是周武王的父亲。他的卿士良夫，因为辅佐周朝有功，被封在芮（今陕西省大荔县朝邑镇），爵位是伯，史称芮伯。芮国是一个姬姓诸侯国，处在成周（今河南省洛阳市）和宗周（今陕西省西安市）之间，负责守护宗周的东大门，位置重要，因此，芮伯长期担任周朝的重臣。

周平王迁都成周以后，芮伯的地位立时尴尬起来。一方面，朝廷不再需要他守门，因此不太重视他了；另一方面，占有了宗周的秦国对芮国垂涎三尺，做梦都想吞并它。

按说，芮国人应该居安思危、励精图治才是。然而，芮伯万上台后，整日玩乐，不理朝政。他的母亲芮姜，见儿子荒淫无度，屡屡规劝，但芮伯万一概不理。愤怒的芮姜直接将儿子赶出了芮国，让他住到同姓的魏国(今山西省芮城县)。"诸侯被逐"，可是那个时代骇人听闻的恶性政治事件，引发了全天下的声讨。对芮国虎视眈眈的秦国以"讨伐芮姜"为名，派兵打进了芮国。出人意料的是，芮姜带领的芮军众志成城，居然打退了秦军。同年冬天，周朝、秦国、虢国三支军队一起出动，才征服芮姜。秦国趁机又把芮伯万重新扶上国君之位。芮伯万对秦国感激涕零，甘心让芮国做了秦国的附庸国。公元前640年，秦穆公一声令下，灭掉芮国。芮伯万病逝后，他的后裔以先祖的名字为氏，史称万氏正宗。

蔡氏

商朝灭亡后,周武王依照"二王三恪"的礼制,封商纣王的儿子武庚为殷侯,负责管理前朝都城朝歌。为监督武庚,周武王在朝歌以东设卫国,由三弟管叔鲜掌管;朝歌以南设鄘国,由五弟蔡叔度掌管,封地在蔡(今河南省上蔡县西部),爵位为侯;朝歌以北设邶国,由八弟霍叔处掌管。三国对朝歌形成合围,管叔鲜、蔡叔度、霍叔处史称"三监"。周武王还让管叔鲜和蔡叔度当武庚的相,让他们和武庚一起治理殷商遗民。

姬旦是周武王的四弟。他在帮助周武王夺取天下后,被封在鲁(今山东省曲阜市),爵位为侯。但他没有就任,而是派大儿子伯禽前去治理,自己继续留在镐京辅佐周武王。为此,周武王把发祥地周赐给他,爵位为公,所以他被称为周公旦。

周武王去世后,年幼的周成王继位。周公旦承担起摄政之职。但排行第三的管叔鲜对此不满,认为按照"兄终弟及"的惯例,他最有资格摄政。因此他联合武庚、蔡叔度、霍叔处,共同策划了一场谋反,史称"三监之乱"。

周公旦平定"三监之乱"后,杀死了武庚和管叔鲜,把霍叔处废为平民,流放了蔡叔度。周公旦对蔡叔度的家属比较宽容,听说蔡叔度的儿子蔡仲非常善良,在蔡叔度死后,便举荐蔡仲做了鲁国卿士。蔡仲不负众望,把鲁国治理得井井有条。周公旦又向周成王建议,让蔡仲继承了父亲的蔡国。

公元前684年,息国夫人出嫁路过蔡国,蔡哀侯因无礼引发息国和楚国的讨伐。蔡国元气大伤,从此一蹶不振。后来,因为受到楚国的持续压迫，蔡国主动迁到州来（今安徽省凤台县），称下蔡。公元前447年，楚惠王出兵灭亡了蔡国，蔡国后人为了纪念故国，以蔡为氏，于是产生了姬姓蔡氏。

周氏

周公旦不仅和召公一起平定了"三监之乱"，还主持建造了东都成周，完善了分封制、井田制和宗法制度，确立了嫡长子继承制，为周王朝初期的稳定立下了汗马功劳。周成王成年后，他便把权力还给了周成王。周公旦病逝后，他的二儿子伯羽被派往成周，继续辅佐王室，世代承袭了"周公"这一称号。末任周公黑肩因卷入王室内乱不幸被杀。他的族人为了避祸，改称周氏，于是产生了姬姓周氏。

周平王的二儿子姬烈，被封在汝坟（今河南省叶县东北），爵位为侯，当地人称他和他的族人为周家，于是他的后代以周为氏，这是第二支姬姓周氏。

东周被秦国取代后，末代天子周赧王的后代改称周氏，这是第三支姬姓周氏。

孙氏

卫国是周朝时的姬姓诸侯国，卫武公姬和是卫国第十一任国君。他有个儿子叫惠孙，惠孙的孙子伍仲以祖父的字为氏，于是有了姬姓孙氏，被奉为河南孙氏正宗。

商王文丁，子姓，商朝的第二十八任君主，他的儿子比干天资聪慧且勤奋好学，二十岁就被任命为少师，辅佐哥哥帝乙。后来，比干又受帝乙委托，辅佐侄子商纣王帝辛。商纣王居功自傲、刚愎自用、荒淫无道，做了许多令人发指的行为。面对暴虐荒淫的侄子，比干直言劝谏，最终被处死。比干死后，他的后代自认是王孙，于是以孙为氏，诞生了子姓孙氏。

齐国大夫田书，妫姓，因为讨伐莒国有功，被齐景公封在乐安（今山东省惠民县），赐为孙氏，产生了妫姓孙氏。

楚国是周成王时期分封的芈姓诸侯国。楚国有个大臣名叫孙叔敖，拥有卓越的治水、治国和军事才能。他后来被任命为楚国最高官职——令尹，辅佐楚庄王成为"春秋五霸"之一。他的后裔以孙为氏，从此有了芈姓孙氏。

常氏

周文王的嫡九子康叔，他把一个儿子封在常（今山东省滕州市东南），其后人以邑为氏，就有了姬姓常氏，史称山东常氏。

黄帝的大司空（主管水利和土木工程的官员）叫常先，帝喾（kù）的第二个妃子叫常仪，他们的一支后代以常为氏，这是第二支姬姓常氏，史称河南常氏。

吴国是周朝分封的姬姓诸侯国。春秋时期，吴王将一个支孙封在常（今江苏省常州市），他的后代以常为氏，这是第三支姬姓常氏，史称江苏常氏。

恒氏是楚国大夫恒思（芈姓）的后人。西汉时期，恒氏为避汉文帝刘恒的名讳，改为常氏，这是芈姓常氏。

魏氏

周文王的第十五个儿子叫高，因平定"三监之乱"有功，被封在毕（今陕西省咸阳市东北），爵位为公，史称毕公高。

春秋初期，毕公高的后代毕万投奔晋国，因帮助晋献公消灭耿、霍、魏三国有功，被封在魏地（今山西省芮城县西北），拜为大夫。毕万死后，他的后人以封地为氏，于是有了姬姓魏氏。

邵氏

周武王去世后，周成王继位。但他太小，什么决定也做不了，真正掌握周朝大权的一个是他的四叔周公旦，担任摄政；一个就是召公奭，担任太保（三公之一，周朝最高执政官）。

周成王临死前，委托召公辅佐太子姬钊。周成王死后，姬钊继位，史称周康王。召公连续辅佐周成王、周康王，开创了四十多年不用刑的"成康之治"。召公死后，他的一支后代以采邑（古代国君封赐给卿大夫的土地）为氏，产生了姬姓召氏。后来，召氏加"邑"字偏旁"阝"，称邵氏。

尹氏和吉氏

尹吉甫是周宣王的大臣，原名兮甲。他文采飞扬，据说是《诗经》的主要采集者。他南征北战，为周朝立下了赫赫战功。因此，他被周宣王封在尹邑（今河南省新安县东南部、宜阳县西北部），爵位为伯，因此被称为尹吉甫。

尹吉甫晚年，因为当面指责周幽王，被周幽王撤了职，流放到房陵（今湖北省房县），死后被葬在房县青峰山。他的美名一直流传到今天，如今房县还有尹吉甫镇和尹吉甫学校。他的嫡子伯封以尹为氏，于是有了姬姓尹氏；他的庶子伯奇以吉为氏，也就有了姬姓吉氏。

少昊是嬴姓的祖先，他的儿子殷，担任工正（掌管工匠营造的官员）一职，被封在尹城〔今山西省隰（xí）县东北〕，他的后代以封地为氏，产生了嬴姓尹氏。

杨氏

周宣王把小儿子尚父封在杨（今山西省洪洞县东南），爵位为侯。公元前672年，秦国与晋国争霸，战火烧到了夹在两国之间的杨国。为了保全家族和臣民，杨侯率领国人向西投奔秦国，杨侯的后人以故国为氏，这是姬姓杨氏的来源。

杨侯举国迁走后，杨国旧地被晋国占据，成为晋武公的二儿子伯侨的封地。后来，晋武公的儿子晋献公把羊舌邑（今山西省洪洞县与沁县之间）封给伯侨的孙子姬突，姬突的支孙开始称羊舌氏。

晋文公时期，晋国建立了三军，每军设将、佐各一名，称三军六卿制。六卿出将入相，掌管晋国君政大权。随着六卿势力不断壮大，晋国国君对此有所忌惮，开始扶持晋国的公室力量，以牵制众卿。羊舌氏便是其中一支重要的力量。特别是在晋悼公时期，羊舌氏的势力已不容小觑，羊舌突的四个孙子羊舌赤、羊舌肸（xī）、羊舌鲋（fù）、羊舌虎在朝廷中大红大紫，被称为"羊舌四族"。但晋悼公一死，六卿势力抬头，开始打压羊舌氏。最后，羊舌氏被六卿抓住把柄，发兵灭掉。其残部逃到陕西华山一带，定居在弘农华阴，他们以祖先的封地为氏，形成了著名的"弘农杨氏"，史称杨氏正宗。

韩氏

周武王的第五个儿子，被封在韩原（今陕西省韩城市西南），爵位是侯，史称韩叔。周宣王时期，韩国东迁到了韩阳（今山西省永济市韩阳镇），并被晋国吞并。随后，晋武公把韩原赐给了叔父姬万，作为采邑。姬万有一个玄孙叫姬厥，在晋悼公继位后被任命为执政大夫、正卿（首席大臣）兼中军元帅，迎来了人生事业的巅峰。功成名就以后，他以高祖父的采邑为氏，产生了姬姓韩氏，被认为是韩氏正宗。因此姬厥被称为韩厥，他死后得谥号"献"，又被称为韩献子。韩厥的后代参与了"三家分晋",韩国成为"战国七雄"之一。

何氏

韩王安当政时期,公族大夫(负责掌管诸侯贵族内部事务的官职)韩瑊(zhēn)与公子韩非一起执掌国政。那时,韩国在"战国七雄"中实力最弱,最明智的办法是在大国之间小心周旋,谁也不得罪。但韩王安不听韩瑊的劝告,一心依附赵国,拒不接见前来斡旋的秦国使臣李斯,惹恼了强大的秦国。看到韩王安如此顽固不化,韩瑊主动辞职,躲到韩原观察动向。

公元前230年,秦国派降将内史腾带领十万兵马,渡过黄河进入韩国。几乎没遇到什么抵抗,秦军就俘虏了韩王安,瞬间就把韩国变成了秦国的一个郡。

听到韩国灭亡的消息,韩瑊和妻子逃到安徽

省庐江县，买了几条船，做起了摆渡生意。后来，始皇帝嬴政在博浪沙（今河南省原阳县城东郊）遭到袭击，怀疑是六国公子所为，于是通令各地查找六国贵族，试图斩草除根。为了躲避秦国官吏的查询，考虑到韩、何音近，韩瑊改称何氏，这就是姬姓何氏。

余氏

东周初年，周幽王被犬戎杀死后，他的弟弟姬余臣一度被拥立为周天子，史称周携王，形成了与侄子周平王二王并立的局面。周携王在位二十一年后，被晋文公所杀，他的后代由余逃亡西部游牧国家西戎。后来，由余代表西戎出使秦国，被秦穆公看中留下，拜为上卿，他的后代以祖名为氏，于是产生了姬姓余氏。

王氏

王氏有多个源头。

第一，周灵王的嫡长子叫姬晋，从小就喜欢吹笙，能吹奏出凤凰欢唱一般的乐曲，周灵王对他钟爱有加，将他立为太子。不幸的是，姬晋在17岁时病死，但他的儿子宗敬后来被拜为周朝司徒（主管土地和民众教化的官员），人们因其王族的身份称他为"王家"，他的家族便以王为氏，从而产生了姬姓王氏。后来，这支王氏在秦朝末年迁往山东琅琊、山西太原，形成了两大王氏家族。

第二，商朝末年，纣王荒淫无道，其叔父比干多次犯颜直谏，被商纣王处死。比干的一支后代自认有王族背景，于是以王为氏，他们是子姓王氏。

第三，齐国被秦国灭亡后，齐王田建（妫姓）的大儿子田升和二儿子田桓，为了躲避秦国的追杀，改称王氏，从此有了妫姓王氏。王莽就是他们的后代。

第四，燕国是姬姓的诸侯国。燕太子丹的玄孙燕嘉，被王莽赐了国姓"王"，这是另一支姬姓王氏。

孟氏

古代兄弟排行，伯和孟表示老大，仲表示老二，叔表示老三，季表示最小的，其中伯表示嫡长子，孟表示庶长子。鲁国是周朝分封的姬姓诸侯国。鲁桓公是鲁国的第十五代国君，他的庶长子庆父品行极坏，一直蓄谋夺取国君之位，挑起鲁国的内乱，后因失败被迫逃命。在逃亡途中庆父改称孟孙氏，他的后代简化为孟氏，这是第一支姬姓孟氏。

卫国是周朝的姬姓诸侯国。其第二十八代国君卫襄公的庶长子叫姬絷（zhí），字公孟。他本应继任卫侯，但因生了重病，让位给了弟弟姬元。姬縶的孙子姬驱以祖父的字为氏，后来简化为孟氏，这是第二支姬姓孟氏。

侯氏

晋国是姬姓诸侯国。晋哀侯和弟弟晋缗（mín）侯，先后被晋国的旁支曲沃武公所杀，他们的子孙逃往他国，以祖先的爵位为氏，这是第一支姬姓侯氏。

共叔段，姓姬，名段，是郑庄公的弟弟。他的儿子共仲，被大伯郑庄公赐为侯氏，这是第二支姬姓侯氏。

中国文字的创造者仓颉，原是侯冈氏，他的支系后代简称侯氏。

乔氏

黄帝驾崩后，被葬在桥山（今陕西省黄陵县城北），黄帝的一支后代负责守陵，并以山名为氏，产生了姬姓桥氏。北魏末年，北魏平原内史桥勤，因不堪忍受宰相高欢的压制，随同孝武帝投奔西魏的宇文泰。一天，宇文泰心血来潮，称"乔"有高大望远的意思，让桥勤改称乔氏，于是有了姬姓乔氏。

祁姓及其分支

祁姓

祁姓源自黄帝分封的原始姓氏。黄帝的曾孙帝喾，是远古部落联盟首领，他一共有五个妻子，第三个妻子名叫庆都。传说庆都结婚以前，到黄河岸边看风景，一条赤红的巨龙从天而降，巨龙掀起的大风被她吸进腹中，因此怀了孕，生下了尧。看着庆都带着一个小孩过日子很可怜，帝喾收留了他们，并把尧培养成了自己的接班人。尧是母亲婚前所生，是帝喾的养子，不会随帝喾姓姬。因为尧小时候被寄养在外祖父伊祁侯家，便随母亲姓了伊祁。尧帝后裔为祁姓。

晋国中军尉祁奚，字黄羊，本姓姬，因功被晋侯将采邑赐在祁（今山西省祁县），于是以采邑来命名自己的氏，称祁氏，这是姬姓祁氏。

唐氏

尧任陶正（掌管制作陶器的官职），又被封在唐（今山西省翼城县），因此称陶唐氏。他二十岁接替帝喾成为部落联盟首领，以唐为国号，所以又称唐尧。尧死后，他的嫡长子丹朱继承了唐国。周成王时期，唐侯因参与叛乱，被强制迁到杜（今陕西省西安市，古杜陵），爵位降为伯，称杜伯，其后裔以先祖的国名为氏，这是祁姓唐氏。

紧接着，周成王的三弟唐叔虞被封在唐国，爵位为侯，填补了唐侯的空缺，他的后代也以国为氏,这是姬姓唐氏。

陶氏

尧,名叫放勋,年轻时被任命为陶正,居住在陶丘(今山东省定陶县),以制作陶器为业,他的后代选择以陶为氏,产生了祁姓陶氏。

舜出生在姚墟,是姚姓的祖先。舜的后代虞思,也被任命为陶正,虞思的后代以祖先的官职为氏,就有了姚姓陶氏。

另外,后晋官员唐谷,为避皇帝石敬瑭的名讳,改姓为陶,这是祁姓陶氏。我们在有些地方能听到"陶、唐不分"的说法。

傅(付)氏

丹朱的后代大由,被封在傅(今山西省平陆县),建立了傅国,后代以国为氏,这是祁姓傅氏,也是最早的一支傅氏。

相传颛顼的后人陆终,其四子求言(妘姓)

被封在偪（bī）阳（又称傅阳，今山东省枣庄市台儿庄区张山子镇），爵位为子。偪阳国是一个弹丸小国，就是这样一个小国，春秋时期却意外出现在史官笔下。

当时，中原诸侯国自认为有文化、懂礼仪，是正统，南方的楚国被认为没文化、没礼貌，是另类。因此，中原诸侯国一直联合起来孤立楚国，并且不允许任何小国和楚国来往。而偪阳国偏偏特立独行，与楚国走得很近，结果成为众矢之的。

公元前563年，晋悼公以霸主身份，召集宋、鲁、吴、卫、曹、莒、邾、滕、薛、杞、小邾等国会盟，研究如何征讨偪阳国。在会上，大家意见并不一致，有人说偪阳国很小但很坚固，胜了没什么了不起，不胜却会成为笑柄，因而反对出兵。但几个晋国将军坚决请战，并且立下了军令状。于是，十几国诸侯联军，浩浩荡荡杀向偪阳国。偪阳国国君妘豹毫无惧色，带领全城军民拼死守城。一时间，箭矢如雨，喊杀震天。经过一个月的攻守战，偪阳国终究寡不敌众，被诸侯联军攻克，妘豹被贬为平民，国土则被并入了宋国，后来改称傅阳。

偪阳国灭亡了，但劫后余生的国民始终以故国为荣，选择以傅阳为氏，后来简称傅氏，这是妘姓傅氏。

傅说（yuè）是商朝的一个奴隶，满脑袋智慧但无处施展，早年在傅岩（今山西省平陆县东部）做修路工。

商王武丁继位后，一直没有得力的大臣辅佐，因此他三年不说话。一天夜里，他梦见了一位圣人，名叫说。第二天天刚亮，他就命令大臣们按照梦的指引，到各处寻找，终于在傅岩找到了梦中的圣人——傅说。武丁拜傅说为相，傅说辅佐商王发展生产、改善民生、富国强兵，征伐常来侵扰周边的游牧部落和氏族、方国，成就了史上有名的"武丁中兴"。

傅说还留下"非知之艰，行之惟艰"的名言，意思是"知道一个道理并不难，难的是把这个道理付诸行动，并取得成果"。傅说的后代为纪念他，以傅为氏，史称傅氏正宗。

刘氏

第一个来源与龙有关。据说，尧的后代累精通养龙的技术，成功驯养了四条龙，全部献给了夏后孔甲，累因此被赐为御龙氏，封在刘（今河北省唐县），史称刘累。后来，不知哪里出了岔子，刘累养的一条母龙死了，他担心夏后追究责任，于是逃到河南鲁山藏了起来。他的后代以曾经的封地为氏，这是祁姓刘氏。

刘康公被哥哥周定王封在刘（**今河南省偃师**

市），爵位是子，是刘国的开国君主。他的后代以国为氏，这是姬姓刘氏，是刘氏的第二个来源。

第三个来源是赐姓。先秦时期，姓与氏是截然分开的，只有贵族才能拥有氏，平民和奴隶是没有氏的。平民或奴隶立了功，会被君王赐给氏，以示尊崇。秦灭六国后，姓与氏不再做明确区别，逐渐合而为一。

汉高祖刘邦很善于收买人心，他不仅把国土一块块切碎，分封给了刘氏贵族和将军们，还把自己的姓作为奖励赐给功臣项伯和娄敬，让他们跟着自己姓刘。

第四个来源是改姓。汉朝为了安抚草原霸主匈奴，朝廷采取了"和亲"政策，派多位汉朝公主嫁给匈奴单于。南匈奴单于进入中原后，根据匈奴从母姓的习俗，单于与汉朝公主的子孙都跟着汉朝公主姓刘，成为刘氏的一大来源。

少昊的后代

少昊

少昊,东夷人,嬴姓祖先。传说他出生在古穷桑(今山东曲阜市),因为继承了太昊伏羲氏的文化,所以被称为少昊,又称青阳氏、金天氏、穷桑氏、凤鸟氏。他一度听命于黄帝,并且在黄帝死后成为部落联盟首领。

嬴姓祖先少昊

嬴姓及其分支

嬴姓

古人对传宗接代非常重视，少昊以表示"母亲生子"的"嬴"为部落图腾，以"嬴"为姓，是天下嬴姓的祖先。

金氏

少昊号称金天氏，他的后代简称金氏，就有了嬴姓金氏。

盐贩子出身的钱镠（liú）建立吴越国后，因为"镠"与"刘"同音，他认为刘氏犯了自己的名讳，便命令国内的刘氏一律改为金氏。

匈奴休屠王的太子金日磾（mì dī），十四岁被汉将霍去病俘虏，长大后被汉武帝留在身边。金日磾为人笃厚谨慎，他对汉武帝特别忠诚，从来不直视汉武帝，也不要汉武帝给的赏赐。几十年下来，连一向心硬似铁的汉武帝也被感动了，赐他姓金，任命他为光禄大夫。金日磾因此成为俘虏中官职最高的人。汉武帝临死前，指定他和霍光等大臣一起辅佐年仅八岁的汉昭帝，他又像侍奉老主人一样侍奉小主人，被小主人封为侯。他家也繁衍成一个大家族，成为北方金氏的一大来源。

沈氏

沈氏有多个源头。

第一，少昊的裔孙（指远代子孙）台骀（dài）氏，被封在汾川（今山西省汾水流域），他的一支后人建立了沈国，后来沈国被周昭王灭掉，这支后人以故国为氏，就有了嬴姓沈氏。

第二，周文王第十子季载，被封在聃（dān，今河南省郑州市一带），爵位为伯。周平王东迁后，季载的后人被封在沈（今安徽省临泉县），初为侯国，后来被周厉王贬为子爵国，史称沈子国。沈子国不仅爵位低，而且势力弱，一直依附于临近的楚国，因此多次受到中原诸侯的讨伐。公元前506年，在春秋霸主晋国的指使下，蔡国出兵吞并了沈子国，沈国国君嘉被押往蔡国斩首示众。沈子国贵族子逞逃亡楚国，他的子孙以故国为氏，产生了姬姓沈氏。

第三，楚国是先秦时期的芈姓诸侯国，楚庄王的儿子公子贞，被赐封邑于沈鹿（今湖北省荆门市），他的支孙以封邑为氏，就有了芈姓沈氏。

徐氏

伯益是少昊的玄孙。夏后启把伯益的二儿子若木封在徐（今江苏省泗洪县及安徽省泗县一带），爵位为侯，建立徐国。

公元前515年，吴国公子光派人刺杀了吴王僚，夺取了王位。吴王僚的两个弟弟公子掩余和公子烛庸听说后，分别逃到徐国、钟吾国避难。公元前512年夏，吴国派出使臣，要求徐国和钟吾国交出两个公子。徐国和钟吾国自认为有楚国撑腰，不但没有送还两个公子，还偷偷把他们送到了楚国。楚昭王把两个公子安置在养地（今河南省沈丘县），让他们把这里作为反攻吴国的基地。这就是历史上著名的"二公子事件"。

当时，楚国的确是个老牌强国，但吴国也日益强盛。公子光手下聚集了一批精英。其中一个叫孙武，来自齐国，是《孙子兵法》的作者；还有一个叫伍子胥，来自楚国，是个谋略大师。公元前512年冬天，孙武和伍子胥率领大军攻入徐国，很快就把立国一千六百余年的徐国灭亡了。在战火中幸存的徐国贵族，为纪念国史悠久而辉煌的故国，选择以徐为氏，这是嬴姓徐氏。

钟氏

钟氏有多个来源。

第一，伯益因协助大禹治水有功，被舜封在大费（今山东省费县），被禹任命为执政官，后来又成为夏后启的卿士。周武王建立周朝后，按照"二王三恪"制度，把伯益的后代封在钟离（今安徽省凤阳县东北），爵位为子，史称钟离子，建立钟离国。后来这个小国被楚国吞并,钟离子的后代以钟离为氏,其中一支简称钟氏,就有了嬴姓钟氏。

第二,宋国是周朝的一个子姓诸侯国。春秋时期宋桓公的曾孙伯宗是晋国公族大夫。他因受权臣迫害入狱,他的儿子伯州犁逃亡楚国,并成为百官之首——太宰。他曾经居住在钟离国,他的后代以钟为氏,这是子姓钟氏。

第三,楚国公族大夫钟建,被封在钟吾(今江苏省新沂市),爵位为子,建立钟吾国。后来钟吾国因为"二公子事件"得罪了吴国,被吴国大军灭亡,钟吾子的后代先后称钟吾氏、钟氏,这是芈姓钟氏。

谭氏

伯益的后代被周穆王封在谭(今山东省济南市章丘区城子崖),爵位为子,建立谭子国。东周前期，齐公子小白在外流亡时，想到谭子国避难，但被谭子国拒绝，小白只得逃往莒国（今山东省莒县）。后来，小白被接回齐国，当了国君，史称齐桓公。当时，周围各国都前去朝贺，而谭子国国君不但没有前往拜见，甚至也没派人前去祝贺，这彻底得罪了小白。公元前684年，小白继位的第二年，一支齐国军队踏平了谭子国，史称"齐师灭谭"。失去祖国的谭子国公族以故国为氏，这就是嬴姓谭氏，史称谭氏正宗。

江氏

伯益的小儿子玄仲，被夏后启拜为大理（主管刑罚的官），封在江（今河南省正阳县），以"鸿鸟"为图腾，江国又被称为鸿国、邛（qióng）国。

春秋时期，江国处在楚、齐、宋等大国之间，又常常遭遇淮河水患，一直没有强盛起来。

春秋早期，江国依附于楚国，楚成王还把妹妹嫁给了江国国君。齐桓公称霸后，江国转而依附于齐国，还参加了两次由晋国牵头的中原诸侯会盟，和其他国家一起商讨如何对付楚国。尽管江国因为害怕楚国，没有贸然参加直接进攻楚国的行动，但这也得罪了决意北扩、东进的楚国。江国既是晋国的盟国，又是秦国的同姓国，一遇到风吹草动，这两个国家就会派兵救援，楚国并不敢轻举妄动。但公元前623年，秦国派兵攻入晋国，两国都使出了全力，打得天昏地暗。楚穆王抓住这一千载难逢的机会，果断出兵杀进弱小的江国，立国近五百年的江国从此灭亡。为了纪念故国，江国后人以江为氏。

黄氏

伯益的长子叫大廉，他的部落以黄莺为图腾，以黄为氏，史称黄夷。周朝建立后，大廉的后代被封在黄（今河南省潢川县隆古乡）。春秋时期，黄国借助地域优势，近与江国、道国、柏国、弦国、随国结盟，远与齐国、宋国、郑国、卫国、鲁国修好，一度与楚国相抗衡。在黄、楚之间的弦国（今河南省光山县）被楚国吞并后，黄国直接暴露在楚国的獠牙之下。公元前648年，黄国最终被楚国兼并，黄国后人以故国为氏，这是嬴姓黄氏。

秦氏

伯益的一个后人叫非子，是一个养马的高手。经人推荐，受命主管一个养马场。没过几年，这里的马匹数量大大增加，而且个个膘肥体壮。这让周孝王非常满意，便把秦地（今甘肃省清水县东北）赐给了他，让他作为周朝的附庸，延续嬴姓的祭祀，号称"秦嬴"。这时的秦只是一个封邑，根本算不上一个国家。直到西周末年，秦襄公护送周平王东迁,被周平王封为诸侯,秦才成为真正的国家。当时,周平王拉着秦襄公的手说:"犬戎夺走了我们的岐山、丰水,只要你赶走犬戎,那些土地就属于你了!"这是一张空头支票,让当时还弱小的秦国攻打凶猛的犬戎,几乎等于让秦国去送死。但秦襄公却当了真,虽然初期秦国屡遭失败,但秦国人从未放弃,一代又一代地与犬戎较量,渐渐把岐山以西的土地收入囊中,秦国也逐渐成长为令周朝和所有诸侯国胆寒的强国。后来秦国嬴政灭掉六国,建立了中国历史上第一个大一统王朝——秦朝。可巡游中突然病故的嬴政没有来得及选好接班人,看似坚如磐石的秦朝很快就灭亡了。秦国王族子孙以国名为氏,就有了嬴姓秦氏。

梁氏

秦非子的二儿子叫秦仲,是周宣王的大夫,

在一次领兵讨伐西戎时英勇战死。为了表彰秦仲，周宣王把秦仲的小儿子康封在梁（今陕西省韩城市南部），爵位为伯，史称梁康伯。春秋时期，梁国与晋国联姻，惹恼了同出一族的秦国。于是，秦国发兵灭掉了梁国。梁伯子孙以故国为氏，这就是嬴姓梁氏。

赵氏

造父，是伯益的十四世孙，善于养马，更善于驾车。传说他在野外得到了八匹骏马，调驯好后献给了周穆王。周穆王一高兴，就让他做了自己的御用驾车人。他曾经驾着马车，载着周穆王西行万里，抵达了昆仑山。正在这时，传来徐偃王造反的消息，周穆王十分着急，造父又驾车日行千里，带周穆王返回镐京，及时发兵平定了叛乱。为奖励他的驾车之功，周穆王把他封在赵城（今山西省洪洞县北部），他的支孙以封邑为氏，从此产生了嬴姓赵氏。

马氏

赵奢,是赵武灵王的儿子。在赵武灵王被围困并最终饿死的日子里,权臣公子成和李兑大肆迫害赵国宗室,赵奢不得不逃亡燕国。等到公子成和李兑失势后,赵奢才回到赵国,做了一个收租子的小官吏。别看他官小,可胆子不小。当时,平原君赵胜是赵国的执政官,他的九个管家带头抗租,结果被赵奢全都砍了脑袋。赵胜根本不相信有这样不怕死的人,于是,亲自找到赵奢,准备给他点儿颜色看看。可两人刚斗了几句嘴,赵胜就发现,眼前的小官是个难得的人才,便主动把他推荐给了赵惠文王。

公元前269年,秦国大军围攻赵国的阏与(今山西省和顺县西部),赵惠文王急忙召集大将们商议对策,名将廉颇、乐乘都认为,阏与距离赵国都城邯郸太远，道路崎岖，没法救援。只有赵奢认为不能放弃阏与。赵惠文王便派赵奢领兵，去救援阏与。赵奢领兵刚出邯郸三十里，就命令手下安营扎寨，按兵不动二十八天。秦军以为赵军胆怯，只想保住邯郸，便放松了戒备。赵奢趁机率领赵军快速行军两天一夜，很快赶到距离阏与五十里的地方。赵国援军突然到来，秦军仓促迎战。赵奢抢占了阏与北山，居高临下攻击秦军，阏与守军也出城配合作战，秦军死伤过半，大败而逃。这场战役，使秦国遭受重创，以后多年不敢进攻赵国。赵奢班师回都后，被赵惠文王封在马服（今河北省邯郸市西北），赐为马服君，成为与廉颇平起平坐的一代名将。他的后代以封地为氏，后简化为马氏，这是嬴姓马氏。

祝融的后代

火神祝融

在历史上,祝融并不特指哪个人,因为祝融是一个官职,这个官职还有一个名字叫火正,是"三皇五帝"时期掌管用火的官员。

据考证,历史上有三个祝融,第一个是黄帝时代的祝融容光,他是炎帝的后代;第二个是帝喾时代的祝融重黎;第三个是稍晚于重黎的祝融吴回。

重黎担任祝融时,正赶上共工氏发动叛乱,

重黎受命镇压共工氏，却被对方打败，回来后被帝喾杀掉了。吴回接任祝融后，平定了共工氏叛乱，使得民众远离了战火，他因此受到了民众的爱戴，死后被尊为火神。吴回家族人丁兴旺，他的儿子陆终生了六个儿子，形成了改（己）、董、

平定共工氏叛乱的火神祝融吴回

彭、妘、秃、曹、斟（zhēn，斟）、芈八个姓，统称"祝融八姓"。"祝融八姓"分支很多，流传到现在的有几百个。

改（己）姓及其分支

改（己）姓

"改"，本义是"母亲生子"。黄帝的儿子少昊和夷鼓把"改"作为图腾，以"改"为姓，期望氏族兴旺。后来，改姓部落连同"改"姓，被陆终的大儿子樊全盘接收。部众迅速增多的樊，被部落联盟首领封在昆吾（*今河南省濮阳县东南*），成为一个远古方国。到了父系氏族社会，樊的后代将"改"去掉"女"字偏旁，改为"己"姓。

苏氏

樊的一支后代被夏朝封在苏（*今河南省辉县*

市苏岭），建立了一个昆吾国的分支小方国，后来被商汤所灭。商纣王宠爱的苏妲己，就是苏国有苏氏的后人。

历史记载，有苏氏受够了商纣王的压榨，愤然加入了周武王的伐纣大军。商朝灭亡后，有苏氏首领苏忿（fèn）生，被周武王拜为司寇（**主管司法和刑狱的官员**），一下子赐给他十二个邑，让他建立了苏国，爵位为子，都城设在温（**今河南省温县西南**）。苏忿生是个判案高手，明察秋毫，公正无私。多么复杂的案子，都瞒不过他的一双火眼金睛。他往大堂上一坐，罪犯就能立即招供，他也因此被尊为"狱神"。可惜，他没有把火眼金睛的本领传给后代。

公元前675年秋，周王室爆发内斗，周惠王的叔叔王子颓发动叛乱。那时，大部分诸侯国都在隔岸观火，苏国国君却很不明智地和五名曾被周惠王侵夺家产的大夫一起，拥立王子颓为天子，赶跑了周惠王。王子颓占据王城后，与五名大夫尽情享乐。郑国国君看不惯王子颓的做派，便与虢国国君谋划让周惠王复位。公元前673年，郑国与虢国联军攻入王城，周惠王复位。而当初帮助过王子颓的苏国立刻陷入了尴尬的境地。苏国担心周朝报复，便加强了与西北少数民族夷狄的来往。但是，苏国始终坚持"不即于狄"，也就是说不一味迁就狄人。这引起了狄人的不满。于是，公元前650年，狄人发兵攻入苏国，苏国国君赶忙向周朝求救。虽然那时周惠王已死，但他的儿子周襄王也没有忘记苏国对父王的背叛。最后，孤立无援的苏国很快被狄人踏平，苏国人逃亡到卫国，以故国为氏，于是有了己姓苏氏。

顾氏

樊的一支后代，被夏朝封在顾（今山东省鄄

城县北部），爵位为伯，史称顾伯。夏桀当政后，国内矛盾逐渐激化，许多诸侯暗中疏远了夏桀，但夏朝都城东部仍有三个方国，一如既往地忠于夏朝，甘当夏朝的东部屏障，它们是位于今河南省濮阳县的昆吾国，位于今河南省滑县的豨韦国，以及和昆吾国同出一宗的顾国。商汤要和夏桀争夺天下，必须先剪除夏桀的这三个羽翼，打开夏朝的东部屏障。商汤首先将矛头对准了豨韦国，然后是顾国，最后是昆吾国。面对排山倒海的商汤大军，三个方国没有一个投降，都用生命践行了忠于夏朝的誓言。顾国灭亡后，顾伯族人以故国为氏，于是就有了己姓顾氏。

董姓

陆终的二儿子叫参胡，生活在吴山周边，那里经常下雨，女人喜欢穿草编的衣服。所以，参胡把表示女人穿着草编衣服的"董"字作为姓。

彭姓及其分支

彭姓

陆终的三子叫篯（jiǎn），又叫铿（kēng），力气大，有乐感，擅长擂鼓，因此以鼓的声音"彭"为图腾，以"彭"为姓，史称彭祖。彭祖建立了彭姓方国——大彭国。

韦氏

夏朝初年，有个叫伯靡的人，据说是彭祖的曾孙。伯靡文武双全，被夏后相拜为大臣。当时，有穷氏首领后羿篡取了夏朝政权，夏后相成了傀儡。后来，后羿被家臣寒浞（zhuó）取而代之。寒浞不仅暗杀了后羿，还杀死了夏后相。作为夏朝重臣，伯靡大难临头，只得逃亡。他辗转来到有鬲（gé）氏（今山东省德州市）部落，在那里召集流亡将士，暗中准备复兴夏朝。夏后相的儿子少康长大后，与伯靡取得了联系。于是，伯靡带上有鬲氏的全部兵马，召集斟寻、斟灌两地的复仇大军，与少康成功会合，共同铲除了寒浞和他的两个儿子，然后拥立少康为夏后，史称"少康复国"。

少康统一天下后，为表彰伯靡，把伯靡的儿子元哲封在豕韦（今河南省滑县），建立了新的彭姓方国——豕韦国。从此，豕韦国和大彭国并肩作战，征伐东夷部落，逐渐成为盘踞东方的强国。这引起了商朝的不安，为了防备他们，商王武丁组织大军灭亡了豕韦国和大彭国。国亡后，豕韦国遗民以国名为氏，这就是彭姓韦氏。

钱氏

彭祖的后代彭孚，是周文王的老师，被拜为钱府上士，负责管理国家的税收和钱粮，他的后人以官职为氏，于是有了彭姓钱氏。

妘（云）姓及其分支

妘（云）姓

"妘"，本义是"女子犹如白云般轻盈漂亮"，引申为"美女"。

陆终的四儿子求言喜欢美女，所以把"妘"作为姓。到了父系氏族社会，妘姓族人去掉"女"字偏旁，以"云"为姓。

黄帝当政时期，用"云"来命名官员。管理一年四季的事务的夏官叫缙云氏，缙云氏的后代以云为氏，于是诞生了姬姓云氏。

罗氏

"罗"在甲骨文里的字形就像"拿着网捕鸟的样子"。曾经有一个善于制造罗网、捕捉飞鸟的部落，以"罗"为图腾，就叫"罗"。这个部落是求言后代的一个分支，被夏朝封在罗（今河南省罗山县），成为夏朝的一个方国。

夏朝时，罗人和楚人都出自"祝融八姓"，所以关系很亲密，形同兄弟。到了商朝，武丁大肆征伐夏朝残余势力，罗人和楚人实在顶不住打压，便相约一起向西逃亡，罗国迁到了今甘肃省正宁县东部的罗山、罗川，荆楚则迁到了今陕西渭水流域的荆山、楚水。到了周朝，周武王封罗国君主为子爵，从此这个国家被称为罗子国。荆楚首领熊绎也被周成王封为子爵，建立了楚国。但由于两国属于他姓，距离镐京又近，周朝认为它们是两个巨大的隐患，因此隔三岔五地找理由欺负这两国人。罗国国君和楚国国君都是明白人，不想自讨没趣，就决定再次联手搬迁。楚国迁到了今湖北省秭归县东南。罗国先是迁到今湖北省房县，而后又东迁到今湖北省宜城市西部的罗川城。

迁居后，罗国人过了一段安定、惬意的小日子。但时间一长，兄弟之间就起了争执。楚国出了一个楚武王，大家一看他的谥号"武"，就知道他崇尚武力。楚武王当政后，以扩张疆土为己任，看上了辽阔而富庶的汉水平原。而罗国就成了北进汉水的障碍。公元前699年，楚军大摇大摆地进入罗国，罗国国君不甘心束手就擒，联手卢戎国对抗楚军。经过激烈的战斗，楚军大败，楚国主帅自杀，其余将帅全部被俘。但八年后，楚武王卷土重来，一举踏平了罗国。罗国贵族被强制南迁到今湖北省枝江一带，他们以故国为氏，这就是妘姓罗氏。

嫘（曹）姓及其分支

嫘（曹）姓

母系氏族社会，采摘野果的女性地位最高，

因此陆终五子晏安的部落以表示"女人采摘野枣"的"孃"为图腾，以"孃"为姓。晏安因辅佐舜帝有功，被封在孃（今陕西省周至县）。到了父系氏族社会，他的后代将"孃"字去掉"女"字偏旁，以"曹"为姓。

周武王建立周朝后，将六弟曹叔振铎封在曹（今山东省定陶县），建立曹国。姬姓曹国西接成周，东连齐国和鲁国，北靠济水，南临宋国，处在《史记》中所说的"天下之中"，是个地肥水美的好地方。

春秋末期，曹国迎来了末代国君曹伯阳，这个人看似精明，实际上很愚蠢。他先宣布与强大的晋国断交，后又去干涉宋国的朝政，导致宋景公忍无可忍，派兵打到了曹国都城陶丘。在古代，所有的城市都筑有城墙，以防敌人进犯。在没有火箭、大炮的古代，想要攻陷一个有城墙保护的城市是非常困难的。宋景公采取的办法是围住它、困死它。一只鸟也别想飞出来，一粒粮也别想运进去。围城围到第二年，也就是公元前487年，城里别说是粮食，连树皮都吃没了。曹国军民无力支撑，陶丘陷落，曹伯阳被杀，立国六百多年的曹国灭亡。曹国消失后，那些心有不甘的曹国遗民，选择以国为氏，这就是姬姓曹氏。

邾氏

邾氏来源很复杂。

晏安的后代曹挟，因辅助周武王灭商有功，被封在邾，但没有爵位，建立邾国，为鲁国的附庸国。春秋时期，齐桓公想称霸，对此，邾君克表现得格外积极，为了联络其他诸侯支持齐桓公，他曾经在深夜赶赴滕国和薛国斡旋。齐桓公通过会盟正式称霸后，为了报答邾君克的帮助，特意奏请周天子，册封邾君克为子爵。从此，邾国国君进入了诸侯行列。

公元前807年，邾国国君夷父颜出了一把风头，他帮助鲁国公子伯御发动叛乱，篡夺了鲁国国君之位。那时，诸侯私自篡位被认为是对周天子的挑战。于是，十一年后，周宣王组织诸侯联军讨伐鲁国，杀了伯御，也杀了站在伯御身后的夷父颜。战后，周宣王让夷父颜的弟弟叔术代任邾子。周宣王死后，叔术让位给了夷父颜的儿子夏父，自己住到了滥（今山东省滕州市土城村），分到了邾国五分之一的国土。夷父颜生前，还将儿子友封在郳（ní，今山东省枣庄市山亭区东江村），建立了小邾国。即便邾国一分为三，它仍是山东境内仅次于齐国和鲁国的大国，春秋末年还拥有六百乘战车。但后期的邾国日趋败坏，不仅频频和鲁国发生摩擦，邾国国君在生活上也十分腐败。邾庄公去世时，竟然让活人殉葬，这严重背离了"邹鲁文化"的基本精神。随后继位的邾隐公沉迷于音乐与歌舞,不理政事。大臣们伤了心,几个大夫投奔了鲁国,有一个大夫甚至把邾国的两个邑献给了鲁国。公元前488年,鲁国军队进攻邾国并俘虏了邾隐公。尽管后来邾隐公在越国的帮助下回国复位,但邾国再也不复往日的辉煌。

战国时期,楚国向北大肆扩张,已经脆弱不堪的邾国最终被吞并,邾子后人将"邾"去掉"邑"字旁"阝"称朱氏,这是曹姓朱氏。

尧帝的大儿子叫丹朱,他的一支后代以朱为氏,这是祁姓朱氏。

伏羲的大臣朱襄氏,被封在朱(今河南省商丘市柘城),他的后人以朱为氏,这是风姓朱氏。

明太祖朱元璋为收买人心,赐沐英、金刚奴等二十多名养子"朱"姓,导致朱氏人口增多。

邹氏

邹氏来源较多。

曹挟被封在邾,建立邾国,又称邾娄国、邾子国。春秋中期,邾国国君把都城迁到绎(今山东省邹城市纪王城),因邾娄被鲁国人合音读"邹",在孟子建议下,鲁穆公将邾娄国改名邹国。战国时期,邹国在被楚国吞并后,邹国遗民称邹氏,这是曹姓邹氏。

舜的一个后代,被商朝封在邹(今山东省邹城市东南的古邾城),后来被曹姓夺封,邹国被迫迁往今山东省邹平县南部,最终被齐国吞并,邹国族人以故国为氏,这是姚姓邹氏。

商纣王的哥哥微子启,被商朝封在邹邑,他的一支后人以封邑为氏,这是子姓邹氏。

嬭（芈）姓及其分支

嬭（芈）姓

陆终六子季连，是荆楚的先祖。"嬭"，字面意义是男女结合。他选择把"嬭"作为图腾，以"嬭"为姓，目的是希望结婚生子，人丁兴旺。到了父系氏族社会，他的后代将"嬭"去掉"女"字偏旁，改为"芈"姓。

季连的后代鬻（yù）熊是周西伯姬昌的老师，他竭尽全力辅佐姬昌和姬发。周朝建立后，他被任命为火师（*掌管火事的官员*）。感念鬻熊对祖父和父亲的辅佐之功，周成王将鬻熊的曾孙熊绎封为子爵，建立楚国。熊绎成为楚国开国君主。随后，楚国以丹阳（*今湖北省秭归县东南*）为中心，向北方和东方扩张，直至成长为南方最大的诸侯国。由于楚国立国八百多年，地域辽阔，人口众多，因此芈姓分支有数百个，如有熊氏、叶氏、楚氏、屈氏、包氏、靳氏、景氏、上官氏等。

叶氏

季连的后代沈诸梁，字子高，是楚国司马，被楚昭王赐了一个采邑，地点在叶邑（今河南省叶县），他被称为叶公，成语叶公好龙说的就是他。他的支孙以采邑为氏，于是有了芈姓叶氏。

偰的后代

简狄之子偰

简狄,远古部落联盟首领帝喾的第二个妻子,来自东夷有娀(sōng)氏。传说简狄在河中沐浴时,看见一只玄鸟唱着歌从天上飞来,在河边下了一只蛋。简狄上岸后吞下了这只玄鸟蛋,因此怀了孕,生下一个男婴——偰(xiè,契)。

这个神奇的传说有两个暗示,第一,偰是母亲非婚所生,帝喾不是偰的亲生父亲,因此偰不可能随着帝喾姓姬;第二,玄鸟是东夷人的图腾,偰的父亲可能是东夷人。

偰，又名卨（xiè），长大后被尧帝任命为司徒，后来他帮助大禹治水，因功被舜帝封在商邑（今河南省商丘市）。偰死后，他的墓地被称为"商丘"，这就是商丘市地名的来历。

偰以好（铭文中，"好"读"zǐ"）为姓，好姓后代建立了商朝，分支众多。

简狄吞下玄鸟蛋生下好（子）姓祖先偰

好（子）姓及其分支

好（子）姓

好的本义是"母亲生子"。偰把"好"作为图腾，以"好"为姓，期望子女成群，氏族兴旺。到了父系氏族社会，他的后代将"好"去掉"女"字偏旁，改为"子"姓。

汤氏

偰的十四代孙商汤，名叫履，又叫天乙，是夏朝方国商的君主。他本来也准备做一个顺臣，平平安安地度过此生，但看到夏桀不走正路，失了民心，于是有了取而代之的想法。在大臣伊尹等人的辅佐下，他一手拿"糖果"，紧密团结对夏桀失望的诸侯；一手拿"大棒"，坚决打击执迷不悟的夏朝附庸国。他先后十一次出征，无一失手，逐渐成长为夏桀的掘墓人。

与夏桀决战前,他发表了阵前演讲:"众位,请听我说,不是我敢兴兵作乱,而是因为夏桀犯下了无数罪行,是上天命令我去惩罚他。你们也许会说,'国君不体恤我们,抛开农活不干,却要去打仗。'我理解你们,但是夏桀有罪,我畏惧上天,不敢不去征伐他啊!你们或许还会问,'夏桀的罪行究竟是什么?'夏桀耗尽了民力,又不断地剥削人民,民众不仅不再和他合作,还诅咒他说,'这个太阳什么时候消失呀?我们宁愿和它一起灭亡。'夏桀的德行已经到了如此地步,我们必须去讨伐他!只要你们辅佐我,和我一起奉行上天对夏桀的惩罚,我将重赏你们!如果你们胆敢违抗我的誓言,我将严惩你们!"这篇演讲,被称为《汤誓》。

听完演讲的将士们热血沸腾,争先恐后地杀向夏桀大军,在鸣条之野取得了一场干净利落的胜利。战后，在三千名诸侯参加的大会上，商汤被推举为天子，定都亳（bó，今河南省虞城县谷熟镇），定国号为商。他从此号称成汤，他的支孙以祖父的称号为氏，这就是子姓汤氏，史称河南汤氏，被认为是汤氏正宗。

武氏

第二十三任商王武丁，名叫昭。少年时代，他按照父亲小乙的要求，隐姓埋名来到民间，和平民一起吃住，一起劳动，洞察了民间的疾苦与人生的艰难。他继位后，起用奴隶出身的傅说为相，任命妃子妇好为将，先后发兵征服了土方、鬼方、羌方、夷方、巴方、虎方、荆楚，接着对被征服的部落、方国予以加封，使商朝成为地域辽阔的大国，实现了"武丁中兴"。武丁后人以祖名为氏，这是子姓武氏。

宋武公的支孙，以祖父的谥号为氏，这是又

一支子姓武氏。

周平王的小儿子出生时，手心有一个"武"字，因此取名武，武的支孙以祖父的名为氏，这是姬姓武氏。

郑氏

历史上共有三个不同姓的郑氏。

商王武丁的一个儿子叫子奠，被封在郑国，爵位为侯，史称奠侯。后来郑国被周朝灭亡，郑国遗民被强制迁往渭水上游，以故国为氏，这是子姓郑氏。

随后，姜尚的小儿子井叔，被周武王封在郑（今陕西省凤翔县），负责管理子姓郑人，史称西郑。几十年后，周穆王把西郑作为自己的下都，取消了姜姓郑国，西郑遗民先后称郑井氏、郑氏，这是姜姓郑氏。

周厉王的小儿子姬友，被哥哥周宣王封在郑

（今陕西省华县东部），爵位为伯，史称郑桓公。后来，郑桓公被侄子周幽王任命为司徒，在犬戎攻击周朝时奋力抵挡，结果和周幽王一起被杀。郑桓公阵亡后，儿子掘突继位，史称郑武公。郑武公率领郑国军队，和秦、晋、卫组成联军，赶跑了盘踞在镐京的犬戎。不久，他又护送周平王迁都洛邑。战后，周平王任命他为周朝卿士。从此，他再也没有回到封地，而是在周平王的默许下，把全部精力用在东扩上。短短四年，他就占领了郐国、东虢国（今河南省荥阳市）及其周边八个邑，然后，他把旧部从陕西迁到郐国旧地并在此建都。为了与最初的郑国封地相区别，这里被称为"新郑"。

郑武公病逝后，他的嫡长子郑庄公继位。郑庄公是个才能过人、精于权谋、善于外交的政治家。他与齐、鲁、卫、宋等大国结盟征战四方，使郑国逐渐强盛起来。

一个国家的兴盛,往往需要几代人的持续奋斗。但一个国家的衰亡,往往是一夜之间的事情。战国初年,新兴的韩国对郑国虎视眈眈,而郑国王族却像笼子里的公鸡一样忙于内斗,导致郑国一分为三,最终被韩国逐个击破。郑国灭亡后,众多国人散居河南省荥阳、郑州、淮阳、商丘等地,改称郑氏,这是姬姓郑氏。

林氏

比干被商纣王挖心而死时,比干的夫人妫女已怀有三个月的身孕。为了躲避商纣王的追杀,她连夜逃出朝歌,在长林(今河南省淇县)石屋中生下了儿子泉。周武王夺取天下后,四处寻找比干的后人,得知他的遗孤生在长林,于是赐泉为林氏,并封在博陵(今河北省安平县),从此有了子姓林氏。

东周第二任天子周桓王，名叫林，他的庶子姬开以父亲的名为氏，这是姬姓林氏。

宋氏

商纣王的儿子武庚是"三监之乱"的主谋之一，而商纣王的大哥微子启却没有参与叛乱。叛乱平息后，周成王把微子启作为前朝的代表，封在宋（今河南省商丘市南部），爵位是最高等级的公，准许他用天子礼乐祭祀商朝宗庙。春秋时期，宋襄公帮助齐公子昭复国，一度跻身"春秋五霸"。公元前286年，宋国末代君主宋景公四面树敌，被齐、楚、魏联手灭亡，领土被三国瓜分。宋国后人以国为氏，这就是子姓宋氏。

戴（代）氏

宋国国君子白曾推出了四项爱民举措：一是废除王室的公田，将百姓的田赋由十分之一减少到十二分之一；二是为了节省粮食，王室停止酿酒，已经酿好的酒全部封存，留作祭祀和招待外宾用；三是除宴请外宾以外，所有筵席停止用酒；四是自己平时不再喝酒，每顿饭只吃两个菜。他爱民如子，善待众臣，从未和邻国发生过争端。子白病逝后，被周朝定谥号为"戴"，意思是"民众拥戴"，史称宋戴公。他的支孙以祖父的谥号为氏，这就是子姓戴氏。

孔氏

宋宣公临死时，没有传位给太子与夷，而是传位给了弟弟宋穆公。为此，宋穆公一直认为亏欠侄子与夷。于是，宋穆公病重时，特意召见大司马托付后事。这位大司马叫嘉，字孔父，史称孔父嘉，是宋国第二任国君微仲衍的后代。宋穆公对孔父嘉说："我想传位给侄子与夷，希望你忠心辅佐他。"随后，宋穆公又命令儿子公子冯离开宋国，到郑国居住。宋穆公病逝后，与夷顺利继位，史称宋殇公。

孔父嘉的妻子魏氏，被宋国太宰华父督看上。恰逢宋国进攻郑国失败，主帅孔父嘉刚回国，华父督就找借口杀了他。魏氏是一个烈女子，得知消息后也随之自杀。宋殇公听说后，不禁大怒。华父督一不做二不休，干脆连宋殇公也杀了，然后将公子冯迎回来立为国君，史称宋庄公。

孔父嘉被杀后，他的子孙担心华氏的迫害，逃到鲁国，以孔为氏，史称鲁国孔氏，这是子姓孔氏。中国古代伟大的思想家、政治家、儒家学派创始人孔子，就是孔父嘉的后代。

郑穆公姬兰的两个儿子公子嘉、公子志，他们的字都是子孔，为了区分二人，公子志又称士子孔。他们的后代都以孔为氏，这是姬姓孔氏，史称郑国孔氏。

严氏

西周初年，周公旦主持创建了一种制度，就是在国君或诸侯去世后，后人根据他的是非功过，给他一个评价性的称号，算是盖棺论定，这个称号叫谥号。谥号分三类，第一类是表扬类的，叫上谥、美谥，如庄、武、文、宣、襄、明、睿、康、景、懿、戴、宪、神、平；第二类是批评类的，叫下谥、恶谥，如炀、厉、幽、灵；第三类是同情类的，叫平谥，如怀、悼、哀、闵、思、殇。

严氏的几个来源都与谥号有关。

子冯是宋穆公的儿子，叔父宋殇公继位后，他依照父亲的旨意搬到了郑国。太宰华父督杀死宋殇公后，他被接回来继任国君。子冯为人处世很强势，因为帮助郑厉公夺取了国君之位，所以多次向郑国邀功，索要财宝，逼得对方翻了脸，动起手来，两国打得天昏地暗。子冯病逝后，谥号"庄",意思是"威猛善战",史称宋庄公,他的支孙以谥号为氏,这是子姓庄氏。

楚国国君熊旅是一个有故事的人。他继位时不到二十岁,两个公子和他对着干,几个诸侯国对他虎视眈眈,可以说内外交困。他继位后的前三年,只是躲在暗处观察,没有发布一条号令,没有做出一件政绩。一位叫伍举的大臣实在看不下去了,便跑到宫里给他提意见,又怕他接受不了,便拐弯抹角地说:"大王,一只鸟停在南山上,三年不展翅,不飞翔,也不鸣叫,这是什么鸟呀?"熊旅回答:"三年不展翅,是为了生长翅膀;不飞翔、不鸣叫,是为了观察四方。它不飞也就罢了,一飞必会冲天;不鸣也就罢了,一鸣必将惊人。"伍举这才恍然大悟。

半年以后,熊旅信步走上朝堂,大刀阔斧地进行政治改革,诛杀奸臣,重用贤臣,带兵打败了齐国、晋国，灭亡了萧国，吓得宋国赶紧上门求和，最终实现了饮马黄河、问鼎中原的梦想，成为"春秋五霸"之一。熊旅病逝后，得谥号"庄"，史称楚庄王，他的支孙以谥号为氏，这是芈姓庄氏。

汉明帝刘庄执政期间，汉朝的庄氏为避刘庄的名讳，集体改为严氏。所以，南方一些地区有"庄、严自古是一家"的说法。

萧（肖）氏

宋国有个将军叫南宫长万，在一次战争中被鲁国俘虏，战后又被放了回来。一天，他陪宋闵公外出打猎，因为和宋闵公争夺猎物，被宋闵公讥笑是俘虏，不该被尊重。因此，他对宋闵公怀恨在心。第二年，他抓住一个机会，杀了宋闵公，拥立公子游为国君。宋闵公的弟弟公子御说逃到亳邑，其他宋国公子则逃到萧邑。南宫长万要斩草除根，便派弟弟南宫牛领兵包围了亳邑。萧邑大夫萧叔大心是微子启的十二世孙，见过大场面，研究过兵书。他派人借来了曹国军队，与公子御说里应外合，对敌人实施了反包围，攻杀了南宫牛。然后，他们趁热打铁攻入宋国都城，杀死了公子游，拥立公子御说为国君，史称宋桓公。

打扫战场时，大心发现南宫长万驾车逃到了陈国。于是，宋国请求陈国遣返南宫长万。陈国二话不说，派美女灌醉了南宫长万，将他用犀牛皮包起来，扔在马车上送了回来。因为平叛有功，宋桓公将大心封在萧（今安徽省萧县），爵位为子，建立萧国。萧国后来被楚国吞并，萧国国君的后代以故国为氏，这是子姓萧氏。

舜的后代

舜

舜,名叫重华,来自东夷有虞氏,出生在姚墟(今河南省范县以南,山东省鄄城县以北),成长在妫水(今山西省永济市南部),是姚姓、妫姓的祖先。舜出身于平民,从小就受到后母和后母所生儿子的迫害,但他以德报怨,始终如一地孝敬父亲、后母,善待异母弟弟,因此得到了百姓的一致赞誉。当时的部落联盟首领尧帝,并没有嫌弃舜的出身,决定把舜作为接班人培养,并把两个女儿娥皇、女英嫁给了舜。后来，受尧的禅让舜成为部落联盟首领。

受人爱戴的舜帝

姚姓及其分支

姚姓

舜出生于姚墟，因此舜的后代取姚为姓。

羌人的一支烧当羌，自称是舜的分支，因此以姚为氏，后来融入汉族。

潘氏

舜的一个后代，被商朝封在潘（今陕西省兴平县北部），爵位为子，史称潘子国。周西伯姬昌崛起后，因潘子国是商朝的附庸国，又距离周较近，所以首先被姬昌灭掉，潘子的后代以故国为氏，这是姚姓潘氏。

周文王第十五子姬高，尽管与周武王不是一个母亲所生，但始终陪伴在周武王身边，是周武王最放心的人之一。周朝建立后，周武王把姬高封在毕（今陕西省咸阳市东北），爵位为最高等级的公，史称毕公高。毕公高赐给幼子季孙一个采邑，地点就是古潘子国，季孙的支孙以采邑为氏，这是姬姓潘氏。

妫姓及其分支

妫姓

尧将长女娥皇、次女女英嫁给了舜，他们婚后住在妫水，所以舜的一支后代以妫为姓。

陈氏

周武王灭商后，按照"二王三恪"的礼制，公开加封有德于民的前三朝帝王后裔。当他得知遏父是舜的三十二代孙后，便将大女儿姬元嫁给了遏父的儿子妫满，任命妫满为周朝陶正，封在陈（今河南省淮阳县），爵位为侯，建立陈国。

陈国是西周至春秋时期十二个有影响的诸侯国之一，辖地最大时拥有十四个邑。陈国曾两次亡国又两次神奇地复国，可以说是大难不死。但到了春秋后期，陈国就没那么幸运了，走下坡路的陈国只能在北部的晋国、东部的吴国、南部的楚国之间斡旋。末代国君陈湣公继任后，吴国发兵打进陈国，陈国急忙向楚国求救，楚昭王亲自领兵前来，赶走了吴军。楚、吴向来是死对头，有了被吴国攻打的经历，按说陈国应该站在楚国一边。可是，当吴王夫差打败了齐国，要求陈国前去拜见时，陈湣公竟然硬着头皮去了。听到这个消息，楚国君臣暴跳如雷。楚昭王死后，他的儿子楚惠王继位，继位初期，国内曾发生内乱。陈湣公非但没有帮助楚国平定内乱，反而趁火打劫，发兵攻入楚国。这再一次激怒了楚国人。稳住局势后，楚惠王率军，于公元前478年讨伐陈国，攻杀了陈湣公，将陈国的大好河山统统收入囊中。陈国遗民便以故国为氏，这是妫姓陈氏。

胡氏

胡氏的来源有多个。

第一，陈国开国君主妫满，谥号"胡"，史称陈胡公，他的支孙以祖父的谥号为氏，这是妫姓胡氏。

第二，东夷一个分支叫归夷，早期居住在河南省商丘市一带，后来遭到商王武丁的讨伐，其中一支迁到胡地（今安徽省阜阳市），建立了妫胡国。西周初期，妫胡国君主因为没有参与"三监之乱"，被周公旦封为子爵，史称胡子国。春秋末期，胡子国被楚国吞并，胡子国国君归豹的后代以故国为氏，这是归姓胡氏。

第三，周朝贵族姬叔负被封在胡（今河南省漯河市郾城区与舞阳县交界处的胡城集），爵位为子，史称姬姓胡子国。春秋初期，郑武公一心开疆拓土，身旁的胡子国是他眼中的一块肥肉。

为了得到胡子国，他先把女儿嫁给胡子国国君，获得了对方的信任。一天，他对大臣们说："我想对外用兵，你们说应该讨伐谁呢？"大臣关其思抢先回答："可以讨伐胡子国。"郑武公拔剑而起，高声怒喝："胡子国是兄弟之国啊。你说讨伐它，有什么理由？！"于是杀掉了关其思。胡子听到消息，认定郑国是最可信赖的国家，对郑国不再做任何防备。郑武公利用这一点，趁机带领大军攻占了胡子国。胡子国人以故国为氏，这是姬姓胡氏。

田氏

陈庄公是春秋时期陈国第十四任君主，他把哥哥陈厉公的儿子公子完任命为大夫。陈庄公死后，四弟妫杵臼继位，史称陈宣公。晚年的陈宣公犯了"疑心病"，他见太子御寇与公子完经常在一起喝酒，认为他们一定是在暗中策划什么，就杀死了太子御寇。公子完见陈宣公连亲生儿子都敢杀，便带着家眷逃往齐国。他被齐桓公收留，任命为工正，赐采邑于田。为了彻底摆脱陈国的阴影，公子完的后人以采邑为氏，从此有了妫姓田氏。公子完的子孙世代任齐国大臣，一个比一个优秀，一个比一个强势。第八代孙齐相田和，逐渐掌握了齐国军政大权，干脆自立为齐侯，并得到了周天子的追认，田氏齐国从此取代了姜姓齐国，这就是历史上著名的"田陈代齐"。

鲧和禹的后代

鲧和禹

鲧,是有崇氏部落首领,又称崇伯,姒姓的祖先。尧帝担任部落联盟首领时期,洪水泛滥,民不聊生。面对无边的灾难,尧帝开始寻访能治理洪水的人,各部落首领一致认为鲧能担此重任。鲧接受治水任务后,利用一种神土——息壤来堵塞洪水。九年过去了,洪水越堵越大,丝毫没有消退的迹象。舜接任部落联盟首领后,撤销了鲧的崇伯封号,将他流放到羽山,后来鲧死在了流放地。随后，舜任命鲧的儿子禹为夏伯，继续治理洪水。禹没有因为父亲被流放闹情绪，欣然接受了任务，挥泪告别家人，踏上了治水的征程。他吸取了父亲"堵塞"洪水失败的教训，改用"疏导"的方法来治理水患，也就是疏通水道，使得

夏朝开国君主大禹

洪水顺利东流入海。在随后的日子里，他带着伯益、后稷等一批助手，跋山涉水，风餐露宿，一路治理水患。每发现一个地方需要治理，他就到临近部落去发动民众。水利工程一开工，他就和民工一起吃在工地，干在工地，睡在工地。为了治水，他曾三过家门而不入。十三年过后，脱缰野马般的水患终于被驯服，四处流浪的百姓重新回到家乡，华夏大地焕发出勃勃生机，功成名就的禹也受舜的禅让，成为新的部落联盟首领。他把国号定为夏，由此产生了中国第一个朝代——夏朝。大禹治水，也成为中华民族不朽的记忆。

姒姓及其分支

姒姓

在古代文字中，"以"就是"胎"，"始"就是"姒"。出于传宗接代的需要，鲧把表示"怀胎女子"的"姒"作为姓。

夏氏

每个朝代都有自己的统治者,这就像每个家庭都有一个家长。历代统治者都有专门的称呼,夏朝统治者称"后",商朝统治者称"王",周朝统治者称"天子",秦朝以后的统治者才称"皇帝"。

最后一个夏后名叫履癸,史称夏桀。他武艺很强,能赤手空拳打死虎豹,也能把铁钩像拉面条一样拉直;他智商很高,从小就表现出超出常人的聪明才智。依照正常情况,他应该是一个英明的帝王。但他不是。据说,他动用了数不清的人力,修建了天下第一高楼,人站在楼顶上会产生即将倾倒的感觉,所以这座楼被称为"倾宫"。他让人在地下修建一座宫殿,称为"夜宫",他和妃子妺(mò)喜整日在其中玩乐。他让人把一坛坛美酒倒进一个池子,形成"酒池",和亲信在里面开怀畅饮。当有人喝醉淹死在池子里,他和妹喜还会拍手叫好。他还让人把一只饿虎赶到集市上,然后欣赏民众惊恐逃命的样子。

夏桀的所作所为,伤透了老百姓的心,也给了其他人取而代之的机会。一个叫商汤的小君主顺应民意,推翻了夏朝,俘虏了夏桀,还把他扔到一个荒山上,让他活活饿死。夏朝灭亡后,一支夏朝贵族称夏后氏,后来简称夏氏,于是产生了姒姓夏氏。

邓氏

夏后仲康把一个支子封在邓(今河南省孟州市古邓城)。商朝,邓国被商王武丁所灭,残部迁往邓城(今河南省漯河市郾城区东南),以故国为氏,这是姒姓邓氏。

紧接着,武丁大封诸侯,把他的叔父曼季封

在邓，爵位为侯。周朝建立后，邓国仍被追封为侯爵，只是封地南迁到了邓塞（今湖北省襄阳市北部）。公元前688年，楚国讨伐申国，向邓国借道，邓侯热情接待了楚文王。一个邓国大夫建议邓侯在接待晚宴上杀掉雄心勃勃的楚文王。但邓侯犹豫了一整夜，也没有下定决心，错失了机会。第二年，楚国打了过来，占了邓国不少地盘。又过了九年，楚国干脆把邓国灭掉了。亡国的邓国人逃往各地，以故国为氏，这是子姓邓氏。

曾氏

夏后少康将二儿子曲烈封在缯（今河南省方城县北部），爵位为子，古代缯、鄫通用，这个封国又称鄫子国。周武王灭亡商朝后，按照"二王三恪"的礼制，将鄫子国的后人封在鄫（今山东省兰陵县向城镇），爵位仍是子，史称鄫子国。

鄫子国的地理位置很不好，不仅地处偏远，

而且土地贫瘠，无论鄫子国君臣如何努力，仍旧是邻国的"出气筒"。有一次，宋襄公约曹、滕、邾、鄫等东方小国会盟，其他人迟到了都没事，鄫子迟到了却被宋襄公杀了祭神。一个鄫子被杀死，还有其他人继任鄫子。但鄫子国的地位却始终没有提高。后来邾国派刺客潜入鄫子国，用大锤将鄫子捶打至死，惨不忍睹。最终，鄫子国被临近的莒国所灭。鄫太子巫逃到鲁国，将"鄫"去掉"邑"字偏旁"阝"，以曾为氏，于是有了姒姓曾氏。

皋陶的后代

皋陶

皋陶，东夷人，出生在今山东省曲阜市，是偃姓的先祖。相传他长期担任尧、舜的理官，主管司法事务，是中国法律体系的创建者。别人判案一般靠证据和口供，他办案靠独角兽獬豸（xiè zhì）。据说，这个神兽能辨别是非曲直，见到它，罪犯就会浑身发抖，然后自动招供。

偃姓曾经建立了不少小方国，可惜春秋时期被楚国零打碎敲地灭掉了，维持到今天的姓氏只剩了几十个，唯有李氏异军突起，成为中国第二大姓氏。

中国法律体系创建者皋陶

偃姓及其分支

偃姓

古代燕、偃同音,而皋陶的祖先东夷人以燕为图腾,所以他把"嬿"作为部落图腾,以"嬿"为姓。到了父系氏族社会,将"嬿"的"女"字偏旁改为单立人旁,写作"偃"。

夏商时期建立的偃姓国有贰国、英国、轸(zhěn)国、州国、绞国、蓼国、六(lù)国、宗国、皖国、群舒国等,因为太小,也不够团结,所以在春秋时期都被楚国灭掉了。如今,偃姓连同分支贰氏、轸氏、州氏、绞氏、六氏、巢氏、桐氏、皖氏、皋氏等,都是罕见的姓氏,唯有李氏是个例外。

李氏

皋陶的一个后代叫相,遗传了祖先的判案基

因，也被任命为大理（**负责司法的官员**），他的子孙以官职为氏，产生了偃姓理氏。商朝大臣理徵（zhǐ），因为给商纣王提了几条意见，结果掉了脑袋，他的儿子理利贞被迫逃出朝歌，在逃亡途中，以野林里的李子维持生命，才没被饿死。那时的人知恩必报，于是他以李为氏，改称李利贞，从此产生了偃姓李氏。

西晋末年，一支氐人占领四川，建立了成汉国，其后代以李为氏，这是四川李氏。

到了唐代，唐太宗李世民为了收买人心，不断地赐给功臣和少数民族首领皇姓，造成李氏人口成倍增长。